# Au prix où est le Beurre.....

# LA VÉRITÉ

SUR

# M. Henri ROCHEFORT

PAR

## Henri Pichard

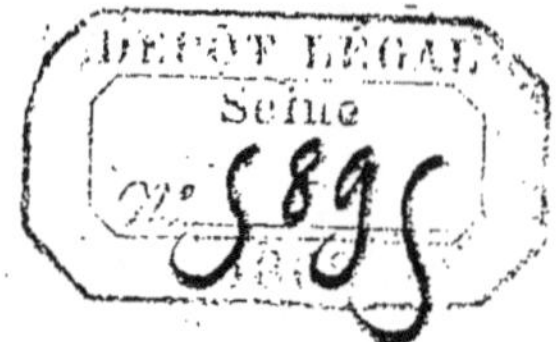



———

Paris

IMPRIMERIE & LIBRAIRIE

A.-E. ROCHETTE

72-80, Boulevard Montparnasse

—

1868

# LA
# Vérité sur M. H. Rochefort

Le premier devoir de l'écrivain,
c'est de se montrer loyal dans
la lutte.

Cette brochure a un but que nous n'avons point peur d'avouer hautement.

Un journal tient Paris en suspens, attire à lui la foule, excite l'admiration unanime : nous avons nommé la *Lanterne*.

Eh bien! nous voulons prouver que cette *Lanterne* qui fait tant parler d'elle, bien loin de répandre aucune lumière, n'est qu'une *lanterne sourde*; nous voulons rechercher quelle est la valeur littéraire, politique et morale de ce journaliste que ses amis exaltent au plus haut degré et aux avances duquel la faveur publique a répondu si généreusement.

M. Rochefort avoue modestement aux lecteurs dont la « *sym- » pathie le soutient, sans qu'il sache pourquoi,* » (à ce sujet, nous dirons que nous sommes bien près d'être de son avis), M. Rochefort avoue, disons-nous, qu'il ne suit aucun plan dans l'élaboration de son œuvre.

Cela n'est pas difficile à constater ; et c'est ce qui rend notre tâche difficile.

Cependant, nous avons un plan et nous le suivrons dans tous ses développements, même les plus scabreux, avec la certitude d'apporter quelque lumière dans le sujet que nous avons pris à cœur de traiter.


Nous dirons ce que nous pensons, tout ce que nous pensons, avec franchise, avec sincérité ; nous parlerons nettement, clairement, sans crainte des périls auxquels nous pourrons nous exposer. Nous n'imiterons pas la manière de s'exprimer par allusions fort transparentes, manière perfide *mais peu dangereuse*, dans laquelle excelle l'homme que nous voulons critiquer et qui semble le plus clair de son bagage littéraire.

Nous irons droit au but, sans nous inquiéter des précipices qui borderont notre route et surtout des dangers qui pourront nous attendre à l'arrivée.


Nous avons hâte de dire qui nous sommes, quels principes nous inspirent, quelles convictions nous animent. La liberté n'a pas de plus chaud partisan, d'adorateur plus zélé que nous. Mais aussi l'hypocrisie, la haine injuste, la lutte sourde et sournoise, l'inimitié qui se cache pour frapper plus sûrement, n'ont pas d'adversaire plus implacable !

Un ennemi que je n'estime pas, dont la conduite n'est pas claire et ne peut être exposée au grand jour, qui se sert de petits moyens, pour satisfaire ses rancunes et ses calculs odieux, un tel ennemi n'aura jamais que mon dédain et, je le déclare, ce n'est qu'à la dernière extrémité que je me résignerais à le combattre. Non-seulement je veux estimer mon adversaire dans sa vie publique, mais aussi dans sa vie privée.


Un homme malhonnête dans ses rapports avec ses semblables n'est et ne peut être qu'un citoyen indigne.

L'homme n'est pas *double;* il ne peut être à la fois un homme improbe et un vertueux citoyen.

C'est donc dire que, si nous combattons M. Rochefort, nous le croyons digne de notre estime. Du reste, nous ne connaissons pas personnellement l'auteur de la *Lanterne*, nous ne connaissons aucun de ses amis, nous ne vivons point dans son monde, nous n'avons devant nous que l'homme public, l'écrivain : c'est le publiciste seu auquel nous nous attaquons.

Nous sommes un *lecteur*, un lecteur indigné qui croit de son devoir de dire bravement son opinion à la face des cent mille lecteurs qui brûlent de l'encens sur l'autel du dieu Rochefort. Nous n'avons jamais écrit une ligne ; nous sommes, en un mot, un inconnu.

Nous nous jetons dans la lice à peu près isolé, car les libéraux qui pensent comme nous se taisent devant le succès effrayant de M. Rochefort.

Nous venons protester publiquement contre un journal démoralisateur, qui n'améliore rien et qui fait œuvre de destruction ; qui ne fera pas avancer d'une ligne la cause du progrès ; qui, au contraire, ne peut que lui être funeste.

Ne sentez-vous pas que la violence du journal de M. Rochefort appelle la violence, que la guerre implacable qu'il fait au Pouvoir, ne s'appuyant sur aucuns principes, mais étant toute personnelle, avortera infailliblement et, qu'en fin de compte, la honte de cet échec rejaillira sur la démocratie dont M. Rochefort se prétend un organe avancé ?

Ne voyez-vous pas qu'il exaspère les amis du Gouvernement ; qu'ils serreront leurs rangs et refuseront systématiquement toute concession, en se basant sur les intentions *destructives* de leurs adversaires ?

Ils n'accuseront pas M. Rochefort seul.

Ils impliqueront dans le même procès de tendance tout le parti, car ils se diront :

Ils sont cent mille derrière cet homme !

Et puis, à quoi ont jamais abouti les révolutions, les renverse-
ments violents des gouvernements? car c'est à cela que tend
l'œuvre de M. Rochefort. Le plus aveugle répondra, sans se tromper :
A rien, sinon à retomber sur ceux qui les font et à rétrécir le colli er
qui les enchaîne. La violence est suivie de la violence, — c'est là
tout le résultat. Le despotisme ne succombera définitivement que
dans une lutte pacifique, lente, mais dont le résultat sera assuré.
Que chaque parcelle de liberté conquise serve à en conquérir une
autre ; à mesure qu'on avancera, la tâche sera rendue plus facile.


Est-ce là le but politique de M. Rochefort?

Qui oserait le soutenir?

Si quelqu'un doute, qu'il veuille bien prendre la peine de nous
lire jusqu'à la fin, quoi qu'il puisse lui en coûter d'ennui; il sera
pleinement convaincu que nous sommes dans le vrai.


Non, nous le déclarons, les vrais libéraux ne peuvent approuver
cette œuvre. Ils doivent exclure M. Rochefort de leurs rangs ; car
il est autant leur ennemi que leurs adversaires habituels.

Les moyens dont il se sert doivent répugner aux lutteurs intré-
pides et convaincus, qui aiment par dessus tout la loyauté dans la
lutte.

La guerre de M. Rochefort est une guerre de ruses, d'em-
buscades, d'embûches.

Et de plus, — comme nous nous engageons à le prouver, — *elle
est sans péril.*

Elle ne sert à rien et aboutira à l'impuissance ; elle n'aura rien
produit, si ce n'est des haines vivaces, des rancunes implacables,
et une polémique sans nom qui tend à s'introduire dans les mœurs
littéraires.


Oh! non, Monsieur Rochefort, n'en soyez pas fier. Oui, vous
l'avez dit à juste titre, vous n'êtes qu'un *écumeur littéraire* et votre
brochure n'est qu'un *brûlot,* un brûlot incendiaire, car vous n'as-
pirez qu'à détruire.

Quelles convictions faites-vous naître dans l'esprit de vos lecteurs ?

Quelles passions allumez-vous dans leur cœur?

Ils admirent votre dextérité, votre *habileté* à tout dire *sans vous compromettre*, ils vous applaudissent comme ils applaudiraient *un artiste*.

Votre journal est une amusette pour ces grands enfants qu'on appelle les Parisiens. C'est du cancan, du clabaudage politique, — rien de plus. En un mot, c'est une inutilité et même une œuvre malsaine, comme nous le montrerons plus loin.

Et tout ce qui est inutile en politique est mauvais et doit être banni, pourchassé.

Ceux qui vous lisent, qui vous approuvent, qui se déclarent enthousiastes de ces futilités sont les plus grands ennemis de la liberté, car ils forment ce grand parti qu'on appelle les *Indifférents* et qui, par sa masse inerte, enraye tout progrès.

Cette foule, en tout temps, s'est croisé les bras devant la liberté expirante, elle a vu avec placidité et laissé commettre les atteintes les plus graves, les plus odieuses, les plus déshonorantes faites aux droits de la nation ; elle a été spectatrice des massacres les plus impitoyables, des égorgements les plus lamentables et elle n'a rien dit ; toute souillure qui macule les pages de notre histoire l'a eue pour témoin impassible.

Ce sont les applaudissements de ces gens-là que vous avez. Félicitez-vous en, Monsieur, car ils admirent tout en vous, vous êtes leur oracle ; mais sachez-le, le jour où vous succomberez, ne comptez pas sur leur pitié. Ils s'écrieront avec unanimité : « Tant pis pour lui ! Pourquoi se servait-il de telles armes? » Vous connaîtrez alors leur ingratitude et leur égoïsme. Oh ! certainement, je préfère cent lecteurs convaincus, chauds partisans de mon œuvre, dont le cœur batte à l'unisson du mien, à cent mille indifférents, amateurs de scandales et de paradoxes.

Nous venons de dire, en thèse générale, ce que nous pensons de l'œuvre de M. Rochefort.

Abordons maintenant les détails, pour prouver que nous n'avons rien avancé à la légère.

Nous diviserons notre sujet en trois parties :

La politique de M. Rochefort,

La morale de M. Rochefort,

La littérature de M. Rochefort.

---

## I

## LA POLITIQUE DE M. ROCHEFORT

Huit numéros de la *Lanterne* ont paru.

Nous pouvons donc apprécier l'homme sous ces trois aspects.

Et certes, il y a bien des choses à dire ; nous serons même forcé d'abréger bien des détails, de passer condamnation sur bien des énormités. Nous ne nous appesantirons que sur ce qui est capital.

Nous l'avons dit, la politique de M. Rochefort est personnelle ; elle est taquine, injuste, violente ; elle dépasse les bornes de la con venance ; elle pourrait même faire soupçonner la bonne foi et les convictions de l'auteur ; elle attaque le Gouvernement surtout dans sa vie privée.

MM. de Persigny, de Maupas, de Morny, les Ministres, le Souverain, la Famille impériale, voilà les personnes qui excitent surtout la verve de dénigration de M. Rochefort. C'est chez lui un système, une rage.

En veut-on des preuves ?

Nous cueillons au hasard.

Relativement à la demande d'autorisation qu'il avait faite à M. Pinard, M. Rochefort dit :

« *Si ce ministre est* **aussi intelligent** *que le prétendent ses amis,* » *je suis perdu.* »

Et plus loin :

« *Ils* » (les camarades de M. Rochefort) « *se trompaient. M. Pinard* » *est peut-être* **fin**, *mais il ne l'est* **pas trop.** »

Plus loin, parlant des personnages officiels, il dit :

« *Ce qui malheureusement paraît leur manquer* **de fond en comble,** » *c'est* **l'esprit.** »

Refuser de l'esprit aux gens qui nous gouvernent, c'est peu de chose ; aussi, n'est-ce que le commencement. L'appétit vient en mangeant.

De la page 107 à la page 110, M. Rochefort fait un massacre de MM. de Maupas et de Persigny : à l'un il demande la légitimité de sa particule, à l'autre celle de son comté.

Pages 94 et suivantes, il disserte longuement sur *les fils de roi,* à propos du procès du prince d'Orange, et les épithètes d'*ancien noceur* et de *cabrioleur d'hier* viennent, sous sa plume, frapper comme une flétrissure.

Dans ce même numéro, les revirements fréquents des députés et des hommes d'Etat, les anciennes opinions de *ce même Billault,* (comme dit M. Rochefort), tout cela tient une grande place.

Est-ce de cela que les hommes libéraux, désirant le triomphe du progrès, doivent s'occuper surtout? Et puis, quelle nouveauté, que les variations des hommes politiques, que leurs trahisons, leur manque de convictions! Mais on a vu cela de tout temps; notre siécle n'est ni pire ni meilleur que les autres à ce sujet! Du reste, nous n'aurions pas relevé des choses qui sont connues de tous, et nepeuvent plus produire aucun effet, si nous ne tenions à faire ressortir la manière de M. Rochefort, qui s'attaque aux hommes plutôt qu'aux idées.

Quel prétexte à allusions et à insinuations que la mort de Néro ! M. Rochefort se délecte ! Que de méchancetés! que de perfidies !..

Et après cela qu'y a-t-il ?...

De nouveau M. de Persigny sert de cible aux railleries mordantes et acerbes de l'auteur. Son procès à la Cour des Pairs et sa réponse au Président servent de thême aux variations de M. Rochefort.

Nous ne voulons pas défendre M. de Persigny. Il nous est indifférent et, de plus, notre adversaire politique. Il a été ministre et il ne le sera plus. A quoi sert donc de le tirer de l'oubli où il est tombé?

Goûtez aussi ce paragraphe :

» *J'apprends aussi que Néro a laissé des mémoires; mais que, par des*
» *considérations faciles à apprécier, ils ne seront publiés que dans*
» *soixante ans.* »

Et plus loin, — et surtout lisez entre les lignes :

« *Je suis, pour ma part, d'autant plus surpris de cette défaveur, que*
» *la France n'a jamais vu autant d'enfants naturels occuper de magni-*
» *fiques positions. Il est vrai qu'il s'agit ici des enfants reconnus, et que*
» **la plupart d'entre eux ne le sont pas.** »

Qn'en pensez-vous ?
Voilà les flèches de M. Rochefort !
Voilà ses armes de combat !

Et l'histoire de Rocambole, homme politique, qu'en dites-vous?
Par cet apologue, M. Rochefort ne tend-il pas à vouloir prouver qu'entre un Rocambole s'enrichissant au moyen de pots-de-vin et

de trafics honteux, et les Ministres, il n'y a pas la moindre différence ?

Est-ce comme cela qu'on fait de la grande politique, de la politique fructueuse et utile ?

Si vous avez des preuves contre un ministre, dénoncez-le, vous ferez acte de bon citoyen, et tous les hommes de cœur vous soutiendront.

Si vous n'en avez pas, est-il honnête de laisser croire que nous pouvons avoir à la tête du Gouvernement des hommes tarés ?

L'honneur et la dignité du pays en seraient certainement atteints.

M. Rochefort n'oublie pas de lancer un coup de patte à son *ennemi*, et de rappeler la mort du duc d'Enghien. Et à quel propos ?

A propos d'une expression malheureuse de M. Haussmann !

Et l'affaire Sandon !...

Oh ! ne craignez rien, M. Rochefort a la mémoire fidèle.

Le marquis d'Orvault meurt à propos ; sa pension attend un successeur.

A qui l'Etat peut-il bien donner cette succession ?

Lisez le programme que M. Rochefort indique aux concurrents, comme devant être rempli !

Il est triste, pour M. Rochefort, qu'il suppose chez les gouvernants si peu de sentiments honorables ; qu'ils ne puissent, suivant lui, dépenser les deniers de l'Etat qu'à des œuvres malsaines.

Et puis, de toutes ces attaques, ne rejaillit-il rien sur la France, et surtout sur vos concitoyens, Monsieur ? Ou les Français sont bien stupides, car ils ne voient rien, — ou, sachant tout, ils supportent flegmatiquement de pareilles choses, et ils en partagent la responsabilité.

Ont-ils alors le droit de se plaindre ?

Si on vous croyait, dans quel guêpier serions-nous ?

Les frères Pereire donnent leur démission d'administrateurs des

Transatlantiques, et prononcent un mauvais discours. Ils ont eu tort dans les deux cas. Et regardez ! Les ministres du Gouvernement français ne commettraient jamais la faute de donner leur démission avant de prononcer un mauvais discours.

Pauvres ministres !

Ah ! entre les griffes de M. Rochefort vous n'êtes pas blancs !

Comme il vous roule !

Comme vous mordez la poussière ! et vous surtout, M. Pinard, qui ne « *mesurez pas trois pieds et demi de haut sur douze centimètres de large !* »

Ah ! vous finirez par quitter la place, elle n'est plus tenable ; un autre plus digne la remplira avantageusement : nous avons nommé M. Rochefort.

Il se contenterait d'appointements fort minimes ; peut-être même remplirait-il ses fonctions gratuitement ! car il a horreur des gros traitements, du cumul !

C'est un cauchemar pour lui.

Il en parle à chaque instant, il en rêve la nuit : il voit MM. Rouher et consorts assis sur de gros tas d'écus !

Horrible vision !

Vite, vite, à bas ! c'est l'argent des malheureux, des pauvres contribuables ! Au voleur ! au voleur !

Aucun fonctionnaire n'a de convictions, naturellement.

Ils s'aplatissent, ils se livrent, selon l'expression de M. Rochefort, à de *tels ventre-à-terre, qu'ils frisent la sédition.*

Ah ! tenez, lecteurs, pardonnez-moi, mais quelles *crapules* que ces fonctionnaires !

M. de Bismark ne vient pas en France. Quel malheur ! car

« *Le gouvernement français eût été heureux de posséder* **enfin** *dans ses murs un ministre intelligent.* »

Ah ! chers lecteurs, quels *idiots* que nos ministres !

MM. de Persigny, de Morny et Walewski reviennent sur l'eau.

Par quels moyens honnêtes ou déshonnêtes, ces messieurs, de pauvres qu'ils étaient, ont-ils acquis des revenus personnels considérables ?

Grosse question pour l'amélioration du sort intellectuel, moral et matériel des populations !

Tout à l'heure nos ministres étaient intelligents ; leur intelligence du moins était très-bornée, maintenant ils n'en ont plus du tout ; ils sont devenus fous.

Lisez :

« *On rapporte que cette semaine, un grand nombre de fous se sont* » *montrés au guichet des Tuileries ; pour ma part j'en connais plusieurs* » *qui s'y présentent presque tous les jours.* **Quelques-uns même** « **ont des portefeuilles sous le bras.** »

Les attaques deviennent de plus en plus violentes.

Je cite textuellement :

« *Je sais que, pour les grands seigneurs qui nous régissent, quatre* » *milliards représentent une somme insignifiante. Pas un de ces* **gen-** » **tilshommes, en sortant de chez une de ces femmes qui** » **font de leur corps ce qu'eux font de leur conscience,** » *ne dépose moins de quatre milliards sur le coin de la cheminée.* »

Que dire de ce procédé ?

Et plus loin, si les bandits qui ont formé l'*Association de l'aumône forcée* faisaient tous les actes qui constitue le gouvernement, ne formeraient-ils pas eux aussi un excellent gouvernement ?

Si cette éventualité se réalisait jamais, je conseillerais bien vite à M. Rochefort d'aller vivre sous l'égide d'un gouvernement aussi honnête dans ses intentions, que scrupuleux dans ses moyens, et de quitter cette terre d'ignominie appelée la France.

Et ceci :

« *Le prince Milano a quatorze ans, ce qui ne veut pas dire qu'il fera* » *plus de maladresses que les monarques* **âgés de soixante ans.** »

M. Rochefort n'amène-t-il pas aussi fort habilement des conclusions fort transparentes, en parlant du sujet de la composition musicale proposé pour le concours des prix de Rome? Et ne prête-t-il pas aux auteurs du projet des pensées qui sont les siennes ?

Il fait aussi remonter jusqu'au Gouvernement la responsabilité d'attaques auxquelles il a été en butte.

Seule la passion a pu faire écrire à M. Rochefort les lignes que nous lisons dans la *Lanterne*. Cependant cela ne donne-t-il pas une idée exacte de sa polémique ? Ce n'est pas un adversaire qu'il combat, c'est un ennemi qu'il veut dévorer.

Cette tactique que nous déplorons de voir employer par M. Rochefort s'accentue plus énergiquement au numéro suivant, et il dit à M. Pinard :

Vous êtes *complice*,

« *Vous avez, en collaborant avec des condamnés à temps, répandu, dans la mesure de vos moyens, le bruit que nous avions tous été plus ou moins poursuivis pour délits infamants.* »

Pensez-vous ce que vous avez écrit, M. Rochefort?

Cette bonne *Patrie* a été bien malencontreuse de parler de l'âge de M. Garnier-Pagès : M. Rochefort saisit la balle au bond. Et

« *l'âge de l'Empereur?* »

Et le bruit, éclos on ne sait où, d'une *Histoire de Charlemagne* par Napoléon III !

Et celui non moins étrange du renvoi des cendres de Napoléon Ier à Sainte-Helène, sous prétexte qu'elles ont été amenées en France par le prince de Joinville ?

Je ne sais où M. Rochefort a appris ces nouvelles, toujours est-il qu'elles servent merveilleusement ses rancunes.

Et vous, M. Pinard, vous qui êtes petit,

« *Mais rageur.* »

Êtes-vous bien flatté d'être un Polignac,

« *Moins le courage et les convictions.* »

L'échauffourée de Strasbourg, celle de Boulogne, viennent pour terminer, brocher sur le tout.

Nous nous arrêtons là...

Nous n'avons pas tout relevé, bien s'en faut.

Notre intention n'a pas été de faire l'office de dénonciateur. La *Lanterne* est dans toutes les mains, je n'apprends donc rien de nouveau.

J'ai voulu prouver que la politique de M. Rochefort était faite de rancune et de haine ; les textes m'étaient nécessaires.

Ma proposition était-elle fausse ?

Eh bien, maintenant, je fais appel à tous les honnêtes gens de la démocratie libérale : Est-ce là le rôle d'un démocrate ?

Est-ce ainsi qu'on doit défendre une cause et qu'on sert la liberté ?

N'est-ce pas appeler et même légitimer jusqu'à un certain point la répression et la violence ?

N'est-ce pas une œuvre plutôt nuisible qu'utile à la bonne cause ?

Je crois, en tout cas, de mon devoir de protester. Je repousse de toutes mes forces le système de M. Rochefort. Pas plus que lui je n'aime et je n'admire les vilenies, les platitudes, les bassesses. Ces choses doivent être dites à l'occasion, mais en faire le but et le moyen d'un journal, c'est une œuvre dont la démocratie ne se soucie pas, qu'elle est trop loyale pour entreprendre.

Ses arguments, basés sur les principes, sont d'une autre force que les vôtres, M. Rochefort, et ils provoquent des résultats certainement plus durables ; son œuvre est une œuvre d'édification, la vôtre est une œuvre de destruction.

Donc vous n'êtes ni démocrate ni libéral.

Il est un point que j'ai laissé de côté, me réservant de le traiter spécialement.

Je veux parler des attaques contre la Reine Hortense, dans lesquelles s'est complu M. Rochefort.

Il est revenu plusieurs fois à la charge, semblant n'être pas satisfait du résultat obtenu à chaque attaque.

Nous nous permettrons de dire que ce n'est ni généreux, ni courageux. Et quand nous parlons de courage, nous ne voulons point parler du courage *physique*, — tenant volontiers M. Rochefort pour un homme vaillant, — nous avons en vue surtout le courage civil.

**En France, les attaques contre la femme ne réussissent pas.**

Quelques fautes qu'elle ait pu commettre, il est du devoir de l'homme de cœur de la protéger, de la défendre et surtout de l'excuser.

Quand vous examinez de sang-froid la condition des femmes dans la société, leur état d'infériorité intellectuel, leur esclavage, en un mot, ne devez-vous pas admirer cet être qui reste, même dans ses faiblesses, dévoué, grand de cœur et de sentiment?

S'il y a des femmes dépravées, la faute en est aux hommes.

Ce n'est pas la femme qui corrompt l'homme, c'est l'homme qui corrompt la femme.

Donc, M. Rochefort a manqué de générosité.

Et à quoi s'est-il exposé ? **A rien!**

Car il n'est pas supposable que le Souverain lui demande raison de ses attaques, et sa dignité personnelle lui défend de permettre qu'on fasse des poursuites judiciaires.

C'est donc à *l'abri*, à *couvert de tout péril*, que M. Rochefort a lancé ses traits empoisonnés.

Et je fais appel à tous les hommes de cœur.

Lequel, dans une semblable situation, ne demanderait pas une réparation éclatante de semblables allégations, si exactes qu'elles fussent, et n'irait pas résolument exposer sa vie sur le terrain pour défendre la mémoire de sa mère

Seul, le Souverain ne peut rien et doit rester impassible.

Dans ces conditions, à quoi pouvait s'exposer M. Rochefort ?

— A rien, répétons-le.

Et vous voudriez que nous approuvions un pareil système, bien plus, que nous restions indifférents, que nous ne protestions pas bien haut, bien fort ?

Mais non, cela n'est pas possible, et, dussions-nous nous attirer la haine de M. Rochefort, nous crierons de toutes nos forces : Non, Monsieur, vous n'êtes pas des nôtres ! Vous êtes un irrégulier que

la démocratie doit désavouer ; vos moyens politiques sont équivo-
ques, votre journal est *une personnalité* [d'un bout à l'autre.

Ce n'est pas une œuvre de conviction.

---

## II

# LA MORALE DE M. ROCHEFORT

Nous serons bref sur ce chapitre.

Nous nous contenterons de signaler quelques points.

M. Rochefort est un sceptique en morale. Les vices des hommes
lui font hausser les épaules en provoquant sur ses lèvres un sourire
de pitié

Nous nous doutions bien que, sous ce masque sardonique au
teint pâle, à la lèvre sarcastique et pincée, aux pommettes angu-
leuses et saillantes, il n'y avait point d'âme, que cette enveloppe
sèche ne recouvrait point de cœur.

La lecture de l'œuvre de M. Rochefort nous a confirmé dans
notre doute : On ne sent aucune émotion sous ces lignes mordantes
qui déchirent impitoyablement, mais qui ne consolent jamais.

M. Rochefort a ses semblables en médiocre estime, à tel point
qu'un acte vertueux de leur part l'étonne. Et s'il poursuit les
actions infâmes, ignobles, les procédés abjects, les parjures, les

trahisons, les bassesses, ce n'est point en vengeur de la morale.

Le rôle de Juvénal n'est pas le sien. Il fait œuvre de polémique, de guerre; et certes si ses adversaires étaient des modèles de vertus et d'honneur, il se trouverait fort empêché dans son programme.

Voulez-vous savoir ce qu'il pense de la femme ?
Lisez:

« *Tout jeune qu'il* (l'Empereur de la Chine) *est, il sait probable-*
» *ment que ces deux-êtres* (la femme et le prêtre) *ont pris en France,*
» *dans les ménages, un pouvoir abrutissant dont la jeunesse du pays*
» *aura une peine incroyable à s'affranchir.* »

Quoi, la femme a cette triste influence ! Si les mœurs sont abâtardies, si les caractères ont dégénéré, si l'honneur, la vertu, la probité sont des denrées si rares, la faute en est à la femme !

L'homme, plus instruit, plus fort, subirait à ce point l'ascendant dangereux de la femme plus ignorante et plus faible ?

Mais, d'abord, votre proposition est-elle vraie? Et, si elle était vraie, à qui serait la faute de cet abaissement moral chez la femme ?

A l'homme, rien qu'à l'homme qui a fait les lois, qui gouverne; qui commande, qui est le maître, en un mot.

Mais, Dieu merci ! elle ne l'est pas.

Le sexe qui comprend nos mères, nos sœurs, nos filles, nos épouses, nos maîtresses même, n'est pas si bas dans l'échelle sociale.

C'est la femme qui nous donne encore les plus beaux exemples de vertu, de désintéressement, de dévouement et de grandeur d'âme.

Même quand elle succombe elle est encore digne.

J'ai grandi dans le respect de la femme. Partout où je vois une faiblesse, je l'attribue ou à un lâche abandon, ou à une grande misère, ou à une séduction infâme.

Quand une femme se livre corps et âme à un homme, elle fait un marché de dupe, elle se donne entière.

Que reçoit-elle en échange de la considération qu'elle perd ? Rien, ou le plus souvent, des marques de mépris.

O hommes ! quand cesserez-vous d'exiger la vertu là où vous prenez à tâche de la détruire ?

Quand cesserez-vous d'attaquer ce qui a un si grand prix à vos yeux ?

Quels sont les sentiments de M. Rochefort à ce sujet ?

Parcourez, pour votre édification, les pages 140 à 147 du n° 8 de la *Lanterne*. Comme il raille agrébalement ces deux jeunes *bécasses* qui préféraient le suicide au déshonneur !

Lisez, oui lisez cette phrase qui n'a pu éclore que dans une cervelle malade :

**« Au prix où est le beurre et où sont les loyers, une**
**» femme seule ne peut pas vivre de son travail : voilà qui**
**» est prouvé. Il n'y a, pour la plus honnête des ouvrières,**
**» que deux voies à suivre : allumer un réchaud de char-**
**» bon ou prendre un amant pour l'aider à payer le bou-**
**» langer. »**

Autrefois les pensées grandes ou sublimes étaient gravées, pour que chacun put les lire, et s'en faire comme une espèce de code de morale, sur le frontispice des monuments publics.

Au frontispice de quels monuments publics cette pensée morale de M. Rochefort pourrait-elle bien être gravée à perpétuité ?

. . . . . . . . . . . . . . . . . . . . . . . . . . . . . . . . . . . . .
. . . . . . . . . . . . . . . . . . . . . . . . . . . . . . . . . . . . .
. . . . . . . . . . . . . . . . . . . . . . . . . . . . . . . . . . . . .

Du reste le déshonneur — c'est
*« Une machine. »*
Et M. Rochefort le prouve bien. Car, mis dans l'alternative ou

de porter un poids de 5,000 kilos à bras tendu ou d'être déshonoré, il se résignerait à la pénible situation d'être déshonoré.

Admettons un moment l'hypothèse.

Quoi, M. Rochefort, vous vous résigneriez au déshonneur ! mais vous n'auriez pas de sang dans les veines ! Le suicide ne vous paraîtrait pas dans ce cas un acte héroïque !

Triste morale en vérité ! Préférer l'ignominie à la mort.

Je veux bien supposer que tout cela n'est pas sérieux. Mais alors pourquoi l'écrire, surtout quand des interprétations déplorables peuvent en être tirées ? n'y avait-il que cela à dire ? Quoi, pas une parole émue, pas une revendication énergique des droits de la femme. Rien ! qu'une plaisanterie déséspérante, ou une théorie immorale.

Oui, vous avez une opinion navrante de la société, où vous ne voyez que des hommes capables de vendre leurs sœurs à des souverains ou des fils spéculant sur le déshonneur de leurs mères.

Tout cela est triste, bien triste !

---

## III

# LA LITTÉRATURE DE M. ROCHEFORT

Au moins M. Rochefort est-il un écrivain hors ligne ; possède-t-il l'art de dire élégamment et éloquemment ?

Ses amis vont partout répétant sur tous les tons, ils écrivent dans tous leurs journaux que, comme pamphlétaire, il égale Paul-Louis Courrier et Alphonse Karr.

A-t-il le nerf, la chaleur, l'éloquence du premier; la finesse, l'atticisme du second?

Voyons, examinons. Ouvrons la *Lanterne*.

Il n'est pas besoin d'aller bien loin dans la lecture de ce journal-pamphlet pour s'apercevoir que M. Rochefort a été surfait comme écrivain et comme homme d'esprit. Son style est lourd, embarrassé, sans élégance, et manque souvent de précision; son esprit n'est que de la méchanceté.

Nous n'avançons rien sans preuves.

Montrons d'abord comment M. Rochefort écrit le français :

Que pensez-vous des « *particularités* qui *ont présidé* à l'élaboration de la *Lanterne* »

Avez-vous jamais vu les *cadavres* d'un hôtel, d'un bureau, d'une caisse, etc.?

Et cette phrase :

« *Ce que je raconte là ne tend certainement pas à briguer la place de* » *ministre de l'intérieur.* »

Si M. Rochefort avait dit que lui, il ne tendait pas à briguer la place de ministre, il aurait écrit français.

Mais, il est difficile de concevoir qu'une *chose racontée tende à briguer la place de ministre.*

Et celle-ci :

« *Un des membres de l'auguste assemblée, à bout de démonstrations,* » **s'écria dans un élan de patriotisme à rappeler les engagements volontaires.** »

On comprend ce qu'a voulu dire M. Rochefort, mais il faut y apporter beaucoup d'intelligence.

Quelle métaphore comique que cette postérité

« *Qui se prépare à déployer sa gorge pour rire.* »

M. Rochefort se permet de donner une leçon de français à M. Gratry, académicien, et il commet la phrase suivante :

   « *Puisque les apôtres ont reçu sur la tête douze langues de feu, qui*
» *leur ont appris à articuler toutes celles* (**langues de feu ?**) *qui*
» *se parlaient sur le globe, comment n'est-il pas descendu sur le Père*
» *Gratry une treizième langue de feu, qui lui ait appris à parler la*
» *sienne* » (**langue de feu ?**)

Il est à souhaiter qu'il descende sur vous, M. Rochefort, une quatorzième langue de feu qui vous apprenne à parler la langue française.

Je serais curieux de connaître des couvertures :

   « *incapables de se permettre des inconvenances.* »

Une couverture ne *commettant pas d'inconvenances*, c'est une chose bien rare, à mettre sous verre, à perpétuité, dans un musée de curiosités.

Est-ce qu'elles marchent par hasard ces couvertures ? parlent-elles ? mangent-elles ?

Dans la *Lanterne* nº 3, nous lisons :

   « *Maintenant, M. de Persigny à toujours* **la faculté** *de croire, etc.* »

Apprenez, M. Rochefort, qu'on n'a pas la *faculté* de croire ou de ne pas croire, comme de parler ou de ne pas parler. La vérité, quand elle se manifeste clairement à l'esprit, exerce sur lui un empire tyrannique. On croit ce qu'elle prouve. On peut mentir à ses convictions, rien de plus.

Voici une autre phrase de M. Rochefort, recueillie dans le nº 6 :

   « *J'ai prié, en sortant, un député, de vouloir bien m'apprendre com-*
« *ment le gouvernement, pour défendre une cause aussi mauvaise,*
« *pouvait choisir un orateur qui* **l'était si peu** (mauvais ?)

En faisant disparaître l'ellipse, grammaticalement la phrase doit être construite ainsi :

   « *J'ai prié, en sortant, un député, de vouloir bien m'apprendre*
» *comment le gouvernement, pour défendre une cause aussi mauvaise,*
» *pouvait choisir un orateur qui était si peu mauvais.* » Ce qui dit juste le contraire de ce qu'a voulu dire M. Rochefort.

Que penser d'un « *obélisque chiffré qui est à la fois une bouteille inépuisable et une bouteille à l'encre ?* »

M. Rochefort dit « *écrire une communication* » il serait certainement plus français de dire : « transmettre par écrit une communication. »

Voici enfin un petit chef-d'œuvre :

« *C'est l'histoire de ce roi magnanime qui avait condamné un hérétique à être brûlé à petit feu et* **ses cendres à être jetées au vent.** »

C'est comme si M. Rochefort disait : « *Tel tribunal a condamné tel criminel à mort et* **son cou à être coupé.** »

Une épithète qui flatte M. Rochefort, c'est celle de « *distingué* » aussi l'emploie-t-il à tous propos et hors de propos. Il peut offrir à qui la mérite « *l'assurance de son mépris le plus distingué* » ou « *l'expression de son dégoût le plus distingué.* » Tout est *distingué* en M. Rochefort même son mépris, même son dégoût. Ses adversaires auraient mauvaise grâce à se fâcher devant cette « *distinction* » qui caractérise tous les actes et toutes les pensées de l'auteur de la *Lanterne*.

Nous nous arrêtons là, mais nous pourrions faire encore de nombreuses citations, et prouver à nos lecteurs que M. Rochefort n'est pas de la race des grands écrivains dont la forme est toujours correcte et les expressions justes et choisies.

M. Rochefort n'a pas d'esprit, il a de l'humour, de la verve ; il est ironique, mordant ; il excelle à dire des méchancetés, à raconter des médisances, il triomphe dans l'allusion et dans l'insinuation ; — mais il n'a pas d'esprit. Quand il veut en faire, il tombe à plat, il commet des trivialités, ses traits sont de mauvais goût.

L'esprit est un don : il ne s'acquiert pas ; apprendre à dire des méchancetés est chose toute différente. Le procédé de M. Rochefort est simple : tirer de tous les faits des conclusions malveillantes pour le Gouvernement. Dans les actes les plus insignifiants il cherche les éléments d'une médisance ou même d'une calomnie. Dans ce but il torture les faits ; il suppose même les *bruits* les plus impossibles et les plus insensés. Tout lui est bon. Sa haine est implacable. Le Français est frondeur et médisant : la méthode de M. Rochefort est infaillible pour forcer le succès.

Alphonse Karr avait beaucoup d'esprit, il disait les choses avec finesse ; sa critique était attique et de bon goût, et, à l'occasion, il savait lancer une méchanceté acérée : avant tout il se respectait et respectait la langue.

En est-il ainsi de M. Rochefort ?

Citons encore :

« *J'envoyais chercher une feuille de papier ministre et j'écrivis à* « **celui** *de l'intérieur* »

Quelque chose de parfait comme style et comme esprit, c'est le cas de *M. de Bonnechose*. Lisez et appréciez :

Quoi de plus stupéfiant que « **Les éclairs de l'éloquence de** » **M. de Bonnechose atteignant un petit enfant qui joue** » **dans le Luxembourg et le changeant en lézard vert ?** »

Voyez-vous les « **anathèmes devenus une denrée et pro-**
» **curant par leur vente quinze mille livres de rente à**
» **ceux qui en font le commerce ?** »


M. Rochefort nous apprend aussi avec malice que

« **Lopez, depuis sa dégradation, engraisse à vue d'œil.**

Eh ! messieurs les chevaliers de la Légion d'honneur, vous voilà,
de par M. Rochefort, déshonorés à jamais.

Qu'il est délicat, qu'il est fin, qu'il est bien trouvé, ce tableau qui
nous montre :

« **M. l'abbé Bauer apportant au bal de l'ambassade**
» **d'Autriche un moribond entre ses bras, et lui donnant**
» **l'extrême-onction entre deux contredanses.** »

Quel coup de massue il donne à ces pauvres inspecteurs de l'agri-
culture, quand il s'écrie : « **Qu'ils ne distingueraient pas un**
**éléphant d'un haricot vert !** »

Et ce mot, comme il est de bon goût : — Deux amis se rencon-
trent dans une maison tierce. Celui que la fortune a peu favorisé
crie au parvenu :

« *Hein ! mon vieux, te rappelles-tu, quand tu m'empruntais mes*
» *pantalons pour pouvoir aller chercher* **deux sous de fromage**
» **d'Italie ?** »
Comme c'est de bonne compagnie !

Parlant de la décadence du théâtre, notre auteur écrit :
« **Il faut avoir des poires tapées dans les yeux,** *pour ne*
» *pas se rendre compte de cette infériorité.* »
L'expression est choisie !

Et le regret que M. Rochefort exprime de ne pas savoir
« **Néro** (un chien !) **inhumé à Saint-Denis entre Turenne**
» **et Philippe-Auguste** »
N'est-ce pas là une des choses les plus spirituelles et les plus
mordantes qui aient été écrites ?...

M. Rochefort disserte abondamment sur le colportage ; il veut bien apprendre aux hommes d'Etat l'étymologie de ce mot et, pour prouver qu'ils ne sont que des ignares, malgré leurs prétentions académiques,

Il les accuse de confondre le *colportage* et les *kiosques* : **« que les » marchands n'ont jamais songé à se mettre sur le dos. »**

M. Rochefort a dû suer sang et eau pour amener cette conclusion.


Entre deux actes tout-à-fait dissemblables, savez-vous la distance qu'il peut y avoir, M. Rochefort nous l'apprend :

« *Il y a une forte distance* **kilométrique.** »

Si ce style prend, nous arriverons promptement à dire qu'entre un coquin et un honnête homme il y a la *longueur d'un boulevard.* Le style deviendra plus imagé, sans doute, mais certainement très-peu académique.


Mais ce qui dépasse tout ce qu'on peut imaginer, c'est le rapprochement que fait M. Rochefort entre la bénédiction d'une cloche par l'Archevêque de Paris et le bal d'Asnières, c'est

« *Le* **mélange** *de cette cloche,* » comme il dit fort élégamment,

» *qui appelle les fidèles à la prière et de cet orchestre qui invite les* » *cocottes à la pastourelle,* »

C'est cette

« **Machine nouvelle,** *appellée le* « **pas de la bénédiction,** » » *inventée par* « *Mlle* **Trop-de-Fraîcheur.** »

On cherche le sens de tout cela et on arrive à cette conclusion que c'est un parti pris chez M. Rochefort de tout dénigrer, de *tout blaguer.* Tous les sujets lui sont bons, même ceux qui commandent le respect.


Qui se serait attendu que l'absence de choléra à Paris, annoncée par plusieurs feuilles, donnerait carrière à la verve anti-gouvernementale de M. Rochefort?

Il n'y a que lui, pour savoir tirer du fait le plus insignifiant des conclusions terribles pour le Gouvernement.

M. Rochefort raille le langage des « *rengaineurs* » gouvernementaux. Cette expression : « *le fameux doigt de la Providence* » lui semble bien usée.

« *Il est amputé depuis longtemps ce fameux doigt,* »
s'écrie-t-il.

« *Est-ce à la suite d'un* **panaris ?** »
demande-t-il avec un esprit que tout le monde s'accordera à trouver plein de charme et de finesse.

La langue de M. Rochefort a des ressources que j'admire :
« *L'estampille de M. le ministre* **ferait sagement de prendre quelques bains au savon noir.** »

Pour peindre l'étonnement de la reine Mohélie, si elle venait à apprendre ce qu'on fait des deniers de l'Etat, il écrit :

« **Qu'elle grimperait d'étonnement après les rideaux.** »
C'est à se pâmer d'aise et de joie !

Finalement, M. Rochefort manie habilement sa langue ; son goût est pur, son esprit distingué !...

Chaque ligne recouvre une allusion, comme des fleurs embaumées cachent un serpent venimeux. La *Lanterne* est une œuvre exquise. M. Rochefort est un grand écrivain !... Eh bien, pardonnez-moi, vous qui, au nombre de cent mille, êtes de cette opinion, j'adore d'autres dieux. Pour me reposer de la *Lanterne*, je vais lire Paul-Louis Courrier et Alphonse Karr.

# NOTRE CONCLUSION

Comme libéral, je repousse M. Rochefort, il n'est pas des nôtres :
c'est un intrus, — comme homme de cœur, je réprouve sa morale :
elle est égoïste et désespérante,— comme homme de goût, j'estime
fort peu sa littérature. Elle est à la hauteur de sa politique et de sa
morale : ELLE EST SANS VALEUR

Son rôle politique est insignifiant, M. Rochefort n'en a pas,
pour mieux dire.

Tout en ayant l'air de *s'exposer beaucoup*, il ne court aucun
danger. Le lecteur est effrayé de son *audace*, et il se demande
où est l'homme qui en ferait autant. Il voit M. Rochefort isolé et il
admire cet homme qui lui paraît d'un courage extraordinaire. Eh
bien, il se trompe.

La *Lanterne* de M. Rochefort ne mourra pas de sitôt; et, si elle
succombe, ce sera sans dommage personnel pour l'auteur : d'ici là
M. Rochefort aura le temps de s'enrichir.

Mais, que des hommes de talent, de conviction fondent des journaux; qu'ils agitent les principes seuls; qu'ils attaquent le Gouver-

nement dans sa manière d'agir et non dans ses hommes ; ils s'atti-
rent toutes les rigueurs ; ils sont menacés dans leurs personnes
et dans leurs œuvres. Et cependant ils ne traitent pas les ministres
de voleurs et ne combattent pas l'Empereur jusque dans sa famille.

Le Gouvernement ne peut suivre M. Rochefort sur le terrain qu'il
a choisi ; il ne peut faire le coup de poing avec lui. En définitive, le
Gouvernement sent qu'il a derrière lui, dans cette affaire, TOUS LES
HOMMES DE CŒUR DE TOUS LES PARTIS, qui répugnent à se servir de
tels moyens. L'exagération de M. Rochefort le tuera ; c'est un
aboyeur, un homme grincheux et rageur. Jetez-lui un peu d'eau
fraîche à la tête pour le calmer ; car sa rage finirait par tourner à
la démence furibonde.

Rentrez vos griffes, M. Rochefort.

Allons, du calme !

Employez votre talent, car vous en avez, à combattre d'autres
ennemis.

Tant que M. Rochefort montrera aussi peu de dignité dans la
lutte, ce sera le devoir de tous les honnêtes gens de s'élever contre
lui.

Je le déclare, quant à moi, M. Rochefort m'est odieux, c'est un
libelliste qu'aucun parti de cœur ne doit avouer comme lui appar-
nant, car il déshonore la lutte.

Je n'attaque pas son honnêteté.

Je dis : M. Rochefort est honnête, mais ses procédés ne le sont pas

Sa passion et sa haine l'entrainent et le rendent injuste.

Qu'il y prenne garde cependant : bientôt on ne dira plus qu'il fait fausse route, que sa tactique est une erreur. On l'accusera dans ses intentions, dans sa loyauté, dans son caractère, et, en considérant *combien peu il s'expose*, sous les lignes où il attaque avec acharnement des gens qui ne peuvent se défendre, on écrira le mot indélébile :

# LACHETÉ.

Henri DICHARD

Paris. — Imprimerie et Librairie A.-E. Rochette, 72-80, boulevard Moutparnasse